Ex Libris

Nadja Kadel

Vorwärts – Seitwärts –

Glückwärts

Mit Schwung durchs Leben

COPPENRATH

ISBN 978-3-8157-9777-8

© 2009 Coppenrath Verlag GmbH & Co. KG, Münster

Redaktion: Daniela Kuhlmann
Fotografien: Photos.com; shutterstock.com, Pixelio.de
Textsatz und Bildbearbeitung: Stefanie Bartsch

Printed in China

www.coppenrath.de

Inhalt

Die Melodie des Lebens

Dein Leben soll ein einziger Tanz sein,
beschwingt und heiter,
harmonisch und ausgelassen,
und das Glück soll dir alle Tage
die Melodie dazu spielen.

Mensch, lerne tanzen,
sonst wissen die Engel im Himmel
mit dir nichts anzufangen!

Aurelius Augustinus

Die älteste Tänzerin der Welt ist die Natur. Sie hat schon getanzt, lange bevor es den Menschen gab.

Seit Urzeiten führen die Sterne ihren Tanz am Himmelszelt auf. Sonne und Mond lösen einander im uralten Reigen von Tag und Nacht ab. Winde und Wolken tanzen über den Himmel, und allen voran ist Tanz in dem Element, das Leben erst möglich macht: Wasser.

Die menschlichen Wesen, Pflanzen oder der Staub, wir alle tanzen nach einer geheimnisvollen Melodie, die ein unsichtbarer Spieler in den Fernen des Weltalls anstimmt.

Albert Einstein

$\mathcal{D}$ieses weiße Ballett
der Schneeflocken hat schon
mehr Zuschauer begeistert als
jedes Stück, das der Mensch
je auf die Bühne bringen
könnte. Wenn wir die
Natur zu unserer Tanzlehrerin
machen, lernen wir, dass das
Glück in der Leichtigkeit liegt.

Die höchste Liebe zu allem Lebendigen
ist ein Weg zum Leben selbst, das wie aus
tausend Batterien in uns zurückfließt, nicht
nur aus Baum und Vogel und Insekt -
aus den wirbelnden Schneeflocken und
Sturm und Meer.

Prentice Mulford

Der Tanz der Schneeflocken ist ein bezauberndes Schauspiel. Weiß und rein wirbeln sie durch die Luft, lassen sich treiben vom Rhythmus des Windes. Am Ende finden sie zu einer Ordnung, legen sich sacht auf die Erde nieder und verhüllen Häuser und Bäume.

Dass der Mensch zum
Glück geboren ist,
lehrt uns die ganze Natur.

André Gide

Tanz ist Lebensfreude.
Nehmen wir uns ein Beispiel
am Tanz der Schmetterlinge,
die um bunte Blüten flattern,
an den Bienen, die sich in ihrer
rätselhaften Tänzelsprache
verständigen, an den Fisch-
und Vogelschwärmen, die
einer geheimnisvollen Choreo-
grafie zu folgen scheinen.
Gehen wir beschwingt durchs
Leben, springen wir leichtfüßig
durch unseren Tag, so strahlen
auch wir pure Lebensfreude
aus und sprudeln über
vor Glück.

Im Einklang mit sich selbst

Gäbe es eine Hitliste der schönsten Gefühle, dann stünde das Empfinden, ganz mit sich im Reinen zu sein, sicher an oberster Stelle. Wir spüren das innere Glück, das sich auf dem heimischen Sofa einstellt, wenn wir der Lieblingsmusik lauschen, oder auf einer Schaukel, während wir mit den Füßen den Himmel berühren.

Alles ist leicht und beschwingt, wir denken nicht an gestern und morgen, ja nicht mal an das Heute: Wir sind in dieser Sekunde einfach ganz bei uns.

Das Glück
besteht darin,
zu leben wie alle
Welt und doch
wie kein anderer
zu sein.

Simone de Beauvoir

Jede Seele besitzt ihren eigenen Rhythmus, so wie jeder Mensch einen unverwechselbaren Fingerabdruck hat. Am deutlichsten sehen wir das an Kindern. Sie bewegen sich noch ganz unbefangen und spielerisch. Hin und wieder mal wie die Kinder sein, so heiter und leicht, das sollten wir nicht verlernen.

Reihen, Formen und Regeln sind gut. Aber einfach mal aus der Reihe zu tanzen kann auch ein Stück Lebensfreude sein.

Es bedeutet, immer mal wieder kurz innezuhalten und sich
zu fragen: Ist der nächste Schritt wirklich sinnvoll?
Oder tun wir ihn nur, weil andere das so und
nicht anders von uns erwarten?
Aus der Reihe tanzen heißt:
frei sein, man selbst sein, glücklich sein!
Denn Glück bedeutet, den inneren Rhythmus zu finden.

Es gehört nur ein wenig Mut dazu,

nicht das zu tun, was alle tun.

Joseph Joubert

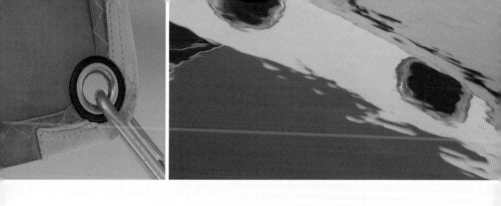

Wir segeln in verschiedenen Richtungen
über den Ozean des Lebens;
die Vernunft ist die Karte,
die Leidenschaft der Wind.

Sprichwort

*Alles, was die Seele
durcheinanderschüttelt,
ist Glück.*

Arthur Schnitzler

Lass dich vom Leben verführen!
Die zarte Versuchung lauert überall –
und wir sollten ihr nachgeben.
Wer weiß, wann sie wiederkommt?
Natürlich sollte man nicht gleich jeder
Versuchung erliegen, aber doch auch
mal den Mut haben, Ausnahmen zu
machen, Neues zu entdecken –
das bringt frischen Wind ins Leben
und beschwingt die Seele.

Etwas, das leicht und beschwingt aussieht, ist nicht selten das Ergebnis harter Arbeit und Disziplin.

Anfangs kommt man sicher noch hin und wieder aus dem Takt.

Die Schritte in einen neuen Lebensabschnitt sind nicht immer leicht zu lernen, doch am Ende schwebt man sicheren Fußes durchs Leben und ist stolz, die Herausforderungen gemeistert zu haben.

Sei einzigartig und unverwechselbar!
Gib dich dem Leben beherzt hin und sei
stolz auf deine Erfolge. Entfalte eine
außergewöhnliche Persönlichkeit, begeistere
die Menschen um dich herum und du
wirst nie ohne Freude sein.

Monika Tillmann

Es geht im Leben nicht darum, keine falschen Schritte zu machen — sondern darum, was wir tun, nachdem wir sie gemacht haben. Wir können sie uns bis in alle Ewigkeit vorwerfen. Oder wir können Frieden schließen. Nicht nur mit unseren Missgeschicken und falschen Entscheidungen, sondern auch mit unseren Ängsten und Sorgen.

Denn ein wundervolles Gefühl, das so kostbar ist, dass es niemand kaufen kann, kommt von ganz allein, wenn wir es schaffen, uns mitsamt unseren Fehlern zu akzeptieren: Selbstachtung und Glück.

Umwege zum Glück

Das Leben geht manchmal seltsame
Wege – oft machen wir zwei Schritte
vor und einen zurück. Aber wenn wir
mal genau darüber nachdenken, ist
unterm Strich doch alles gut,
so wie es ist.
Das Glück liegt nicht immer direkt
vor uns, oft finden wir es erst dann,
wenn wir einmal innehalten oder vom
direkten Weg abweichen.

Wege, die in die Zukunft führen, liegen nie als Wege vor uns. Sie werden zu Wegen erst dadurch, dass man sie geht.

Franz Kafka

$\mathcal{W}$as auf den ersten Blick wie ein Umweg in unserem ganz persönlichen Lebenslauf aussieht oder wie eine unnötige Pirouette, ist oft genug der Weg, der das Glück für uns bereithält und der durch seine überraschenden Wendungen immer spannend bleibt.

Wir kommen rückwärts

vorwärts, wie die Ruderer.

Michel de Montaigne

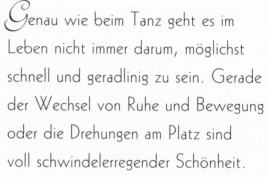

Genau wie beim Tanz geht es im Leben nicht immer darum, möglichst schnell und geradlinig zu sein. Gerade der Wechsel von Ruhe und Bewegung oder die Drehungen am Platz sind voll schwindelerregender Schönheit.

Es muss nicht immer ein schneller Jive sein, der uns durchs Leben trägt. Einmal einen langsamen Walzer zu tanzen, jeden Schritt zu spüren und auszukosten, kann uns wieder zu Atem kommen lassen.

Crescendo & Pianissimo –

Das Finden der Balance

Aus dem Zusammenspiel eines Vogelschwarms lässt sich
vieles lernen: Hier herrscht Rücksichtnahme und Verständnis;
die einen führen, die anderen lassen sich führen, in
gegenseitigem Wechsel. Es ist ein Geben und Nehmen,
ein selbstverständliches Miteinander.
Einem anderen Vertrauen zu schenken, einen gemeinsamen
Rhythmus zu finden, das ist das Vorbild der Natur.

Manchmal geht es im Leben nicht ohne Führung.

Nichts würde sich bewegen, wenn wir alle nur abwarteten.

Deshalb ist manchmal auch unsere Initiative gefragt.

Wir müssen uns nur trauen, einfach mal das Wort ergreifen,

den Takt angeben. Nicht, um uns dadurch zu profilieren oder

in den Mittelpunkt zu rücken, sondern damit man gemeinsam

einen Schritt weiter kommt und von den Fortschritten profitiert.

Vom Stundenzeiger des Lebens

Das Leben besteht aus seltenen einzelnen Momenten von höchster Bedeutsamkeit und unzählig vielen Intervallen, in denen uns bestenfalls die Schattenbilder jener Momente umschweben. Die Liebe, der Frühling, jede schöne Melodie, das Gebirge, der Mond, das Meer - alles das redet nur einmal ganz zum Herzen: wenn es überhaupt je ganz zu Worte kommt. Denn viele Menschen haben jene Momente gar nicht und sind selber Intervalle und Pausen in der Symphonie des wirklichen Lebens.

Friedrich Wilhelm Nietzsche

Das Schönste im Leben ist es,
ein Gegenüber zu finden, mit dem
man sich im Gleichklang fühlt.
Mit dem es Freude macht, sich
im Takt zu wiegen und zu drehen,
sich zu berühren und wieder
zu lösen, spielerisch und im
gleichen Rhythmus.
Vorwärts – seitwärts – glückwärts!

Tanzen - ein Telegramm an die Erde mit
der Bitte um Aufhebung der Schwerkraft.

Fred Astaire

$\mathcal{M}$it einem Menschen, den man liebt, tanzt man auf eine gemeinsam vertraute Melodie durchs Leben. Manchmal kann dieser Tanz durch Disharmonie oder einen lauten Missklang unterbrochen werden. Auch zu stolpern, auszugleiten oder dem anderen versehentlich auf die Füße zu treten — das ist normal. Wir spielen das Liebeslied alle nicht perfekt. Wichtig ist nur, dass wir immer wieder zu Harmonie und Einklang zurückfinden.

Das Leben hält für uns sowohl das laue Lüftchen als auch den Wirbelsturm parat. Ein Orkan kann ein Leben ganz schön durcheinander bringen. Manchmal braucht der Mensch jedoch einen frischen Wind im Haus, alte Gewohnheiten werden vom Sturm einfach fortgetragen. Und obwohl so ein Wirbelwind Chaos mit sich bringt … immer nur eine laue Brise ist auf Dauer doch langweilig!

Das Leben schüttelt den
Baum eines jeden.
Früher oder später –
ohne Sturm geht es
für niemand ab.

Karl Frenzel

Die unermüdlichen Tänzer des Meeres sind die Wellen.
Sie vollführen ihr rhythmisches Spiel auf dem weiten, blauen
Parkett der Ozeane. Plötzlich brausen sie stürmisch auf,
die Kämme schlagen hoch, die Gemüter sind erhitzt.
Im nächsten Moment kommen sie wieder zur Ruhe – man
ist wieder mit sich im Reinen. Ein Auf und Ab gehört im
Leben dazu. Und letztendlich gelingt es der Natur immer,
ihr inneres Gleichgewicht wiederzufinden. So dient sie uns
Menschen als faszinierendes Beispiel.

Das Leben ist ein Theaterstück
ohne vorherige Proben.
Darum: Singe, lache, tanze und liebe …
und lebe jeden einzelnen Augenblick
deines Lebens, bevor der Vorhang fällt.

Charlie Chaplin